FIVE YEAR

Monthly Planner

2022 - 2026

Personal Information

Name

Address

Phone

Email

Emergency Contacts

Name

Relationship

Contact Details

Notes

Name

Relationship

Contact Details

Notes

Name

Relationship

Contact Details

Notes

Medical Information

Doctor Information

Medication

Allergies

2022

January

M	T	W	T	F	S	S
					1	2
3	4	5	6	7	8	9
10	11	12	13	14	15	16
17	18	19	20	21	22	23
24	25	26	27	28	29	30
31						

February

M	T	W	T	F	S	S
	1	2	3	4	5	6
7	8	9	10	11	12	13
14	15	16	17	18	19	20
21	22	23	24	25	26	27
28						

March

M	T	W	T	F	S	S
	1	2	3	4	5	6
7	8	9	10	11	12	13
14	15	16	17	18	19	20
21	22	23	24	25	26	27
28	29	30	31			

April

M	T	W	T	F	S	S
				1	2	3
4	5	6	7	8	9	10
11	12	13	14	15	16	17
18	19	20	21	22	23	24
25	26	27	28	29	30	

May

M	T	W	T	F	S	S
						1
2	3	4	5	6	7	8
9	10	11	12	13	14	15
16	17	18	19	20	21	22
23	24	25	26	27	28	29
30	31					

June

M	T	W	T	F	S	S
		1	2	3	4	5
6	7	8	9	10	11	12
13	14	15	16	17	18	19
20	21	22	23	24	25	26
27	28	29	30			

July

M	T	W	T	F	S	S
				1	2	3
4	5	6	7	8	9	10
11	12	13	14	15	16	17
18	19	20	21	22	23	24
25	26	27	28	29	30	31

August

M	T	W	T	F	S	S
1	2	3	4	5	6	7
8	9	10	11	12	13	14
15	16	17	18	19	20	21
22	23	24	25	26	27	28
29	30	31				

September

M	T	W	T	F	S	S
			1	2	3	4
5	6	7	8	9	10	11
12	13	14	15	16	17	18
19	20	21	22	23	24	25
26	27	28	29	30		

October

M	T	W	T	F	S	S
					1	2
3	4	5	6	7	8	9
10	11	12	13	14	15	16
17	18	19	20	21	22	23
24	25	26	27	28	29	30
31						

November

M	T	W	T	F	S	S
	1	2	3	4	5	6
7	8	9	10	11	12	13
14	15	16	17	18	19	20
21	22	23	24	25	26	27
28	29	30				

December

M	T	W	T	F	S	S
			1	2	3	4
5	6	7	8	9	10	11
12	13	14	15	16	17	18
19	20	21	22	23	24	25
26	27	28	29	30	31	

2022

Celebrations

January	February	March
April	May	June
July	August	September
October	November	December

Holidays

New Year's Day	January 1
Martin Luther King Day	January 17
Presidents' Day	February 21
Memorial Day	May 30
Juneteenth	June 19
Juneteenth (observed)	June 20
Independence Day	July 4
Labor Day	September 5
Columbus Day	October 10
Veterans Day	November 11
Thanksgiving Day	November 24
Christmas Day	December 25
Christmas Day (observed)	December 26

Yearly Overview

	JANUARY	FEBRUARY	MARCH	APRIL	MAY	JUNE
1						
2						
3						
4						
5						
6						
7						
8						
9						
10						
11						
12						
13						
14						
15						
16						
17						
18						
19						
20						
21						
22						
23						
24						
25						
26						
27						
28						
29						
30						
31						

2022

	JULY	AUGUST	SEPTEMBER	OCTOBER	NOVEMBER	DECEMBER
1						
2						
3						
4						
5						
6						
7						
8						
9						
10						
11						
12						
13						
14						
15						
16						
17						
18						
19						
20						
21						
22						
23						
24						
25						
26						
27						
28						
29						
30						
31						

January

MONDAY	TUESDAY	WEDNESDAY	THURSDAY
3	4	5	6
10	11	12	13
17	18	19	20
24	25	26	27
31	Notes		

2022

FRIDAY	SATURDAY	SUNDAY	TO DO
	1	2	
7	8	9	
14	15	16	
21	22	23	
28	29	30	

December

M	T	W	T	F	S	S
		1	2	3	4	5
6	7	8	9	10	11	12
13	14	15	16	17	18	19
20	21	22	23	24	25	26
27	28	29	30	31		

February

M	T	W	T	F	S	S
	1	2	3	4	5	6
7	8	9	10	11	12	13
14	15	16	17	18	19	20
21	22	23	24	25	26	27
28						

Goals for the Month

February

MONDAY	TUESDAY	WEDNESDAY	THURSDAY
	1	2	3
7	8	9	10
14	15	16	17
21	22	23	24
28			

Notes

FRIDAY	SATURDAY	SUNDAY	TO DO
4	5	6	
11	12	13	
18	19	20	
25	26	27	

January

M	T	W	T	F	S	S
					1	2
3	4	5	6	7	8	9
10	11	12	13	14	15	16
17	18	19	20	21	22	23
24	25	26	27	28	29	30
31						

March

M	T	W	T	F	S	S
	1	2	3	4	5	6
7	8	9	10	11	12	13
14	15	16	17	18	19	20
21	22	23	24	25	26	27
28	29	30	31			

Goals for the Month

March

MONDAY	TUESDAY	WEDNESDAY	THURSDAY
	1	2	3
7	8	9	10
14	15	16	17
21	22	23	24
28	29	30	31

Notes

TO DO

FRIDAY	SATURDAY	SUNDAY	
4	5	6	
11	12	13	
18	19	20	
25	26	27	

February

M	T	W	T	F	S	S
	1	2	3	4	5	6
7	8	9	10	11	12	13
14	15	16	17	18	19	20
21	22	23	24	25	26	27
28						

April

M	T	W	T	F	S	S
				1	2	3
4	5	6	7	8	9	10
11	12	13	14	15	16	17
18	19	20	21	22	23	24
25	26	27	28	29	30	

Goals for the Month

April

MONDAY	TUESDAY	WEDNESDAY	THURSDAY
4	5	6	7
11	12	13	14
18	19	20	21
25	26	27	28

Notes

FRIDAY	SATURDAY	SUNDAY	TO DO
1	2	3	
8	9	10	
15	16	17	
22	23	24	
29	30		

March

M	T	W	T	F	S	S
	1	2	3	4	5	6
7	8	9	10	11	12	13
14	15	16	17	18	19	20
21	22	23	24	25	26	27
28	29	30	31			

May

M	T	W	T	F	S	S
						1
2	3	4	5	6	7	8
9	10	11	12	13	14	15
16	17	18	19	20	21	22
23	24	25	26	27	28	29
30	31					

Goals for the Month

May

MONDAY	TUESDAY	WEDNESDAY	THURSDAY
2	3	4	5
9	10	11	12
16	17	18	19
23	24	25	26
30	31	Notes	

2022

FRIDAY	SATURDAY	SUNDAY	TO DO
		1	
6	7	8	
13	14	15	
20	21	22	
27	28	29	

April

M	T	W	T	F	S	S
				1	2	3
4	5	6	7	8	9	10
11	12	13	14	15	16	17
18	19	20	21	22	23	24
25	26	27	28	29	30	

June

M	T	W	T	F	S	S
		1	2	3	4	5
6	7	8	9	10	11	12
13	14	15	16	17	18	19
20	21	22	23	24	25	26
27	28	29	30			

Goals for the Month

June

MONDAY	TUESDAY	WEDNESDAY	THURSDAY
		1	2
6	7	8	9
13	14	15	16
20	21	22	23
27	28	29	30

Notes

FRIDAY	SATURDAY	SUNDAY	TO DO
3	4	5	
10	11	12	
17	18	19	
24	25	26	

May

M	T	W	T	F	S	S
						1
2	3	4	5	6	7	8
9	10	11	12	13	14	15
16	17	18	19	20	21	22
23	24	25	26	27	28	29
30	31					

July

M	T	W	T	F	S	S
				1	2	3
4	5	6	7	8	9	10
11	12	13	14	15	16	17
18	19	20	21	22	23	24
25	26	27	28	29	30	31

Goals for the Month

July

MONDAY	TUESDAY	WEDNESDAY	THURSDAY
4	5	6	7
11	12	13	14
18	19	20	21
25	26	27	28

Notes

2022

FRIDAY	SATURDAY	SUNDAY	TO DO
1	2	3	
8	9	10	
15	16	17	
22	23	24	
29	30	31	

June

M	T	W	T	F	S	S
		1	2	3	4	5
6	7	8	9	10	11	12
13	14	15	16	17	18	19
20	21	22	23	24	25	26
27	28	29	30			

August

M	T	W	T	F	S	S
1	2	3	4	5	6	7
8	9	10	11	12	13	14
15	16	17	18	19	20	21
22	23	24	25	26	27	28
29	30	31				

Goals for the Month

August

MONDAY	TUESDAY	WEDNESDAY	THURSDAY
1	2	3	4
8	9	10	11
15	16	17	18
22	23	24	25
29	30	31	

Notes

FRIDAY	SATURDAY	SUNDAY	TO DO
5	6	7	
12	13	14	
19	20	21	
26	27	28	

July

M	T	W	T	F	S	S
				1	2	3
4	5	6	7	8	9	10
11	12	13	14	15	16	17
18	19	20	21	22	23	24
25	26	27	28	29	30	31

September

M	T	W	T	F	S	S
			1	2	3	4
5	6	7	8	9	10	11
12	13	14	15	16	17	18
19	20	21	22	23	24	25
26	27	28	29	30		

Goals for the Month

September

MONDAY	TUESDAY	WEDNESDAY	THURSDAY
			1
5	6	7	8
12	13	14	15
19	20	21	22
26	27	28	29

Notes

2022

FRIDAY	SATURDAY	SUNDAY	TO DO
2	3	4	
9	10	11	
16	17	18	
23	24	25	
30			

August

M	T	W	T	F	S	S
1	2	3	4	5	6	7
8	9	10	11	12	13	14
15	16	17	18	19	20	21
22	23	24	25	26	27	28
29	30	31				

October

M	T	W	T	F	S	S
					1	2
3	4	5	6	7	8	9
10	11	12	13	14	15	16
17	18	19	20	21	22	23
24	25	26	27	28	29	30
31						

Goals for the Month

October

MONDAY	TUESDAY	WEDNESDAY	THURSDAY
3	4	5	6
10	11	12	13
17	18	19	20
24	25	26	27
31	Notes		

FRIDAY	SATURDAY	SUNDAY	TO DO
	1	2	
7	8	9	
14	15	16	
21	22	23	
28	29	30	

September

M	T	W	T	F	S	S
			1	2	3	4
5	6	7	8	9	10	11
12	13	14	15	16	17	18
19	20	21	22	23	24	25
26	27	28	29	30		

November

M	T	W	T	F	S	S
	1	2	3	4	5	6
7	8	9	10	11	12	13
14	15	16	17	18	19	20
21	22	23	24	25	26	27
28	29	30				

Goals for the Month

November

MONDAY	TUESDAY	WEDNESDAY	THURSDAY
	1	2	3
7	8	9	10
14	15	16	17
21	22	23	24
28	29	30	

Notes

2022

FRIDAY	SATURDAY	SUNDAY	TO DO
4	5	6	
11	12	13	
18	19	20	
25	26	27	

October

M	T	W	T	F	S	S
					1	2
3	4	5	6	7	8	9
10	11	12	13	14	15	16
17	18	19	20	21	22	23
24	25	26	27	28	29	30
31						

December

M	T	W	T	F	S	S
			1	2	3	4
5	6	7	8	9	10	11
12	13	14	15	16	17	18
19	20	21	22	23	24	25
26	27	28	29	30	31	

Goals for the Month

December

MONDAY	TUESDAY	WEDNESDAY	THURSDAY
			1
5	6	7	8
12	13	14	15
19	20	21	22
26	27	28	29

Notes

FRIDAY	SATURDAY	SUNDAY	TO DO
2	3	4	
9	10	11	
16	17	18	
23	24	25	
30	31		

November

M	T	W	T	F	S	S
	1	2	3	4	5	6
7	8	9	10	11	12	13
14	15	16	17	18	19	20
21	22	23	24	25	26	27
28	29	30				

January

M	T	W	T	F	S	S
						1
2	3	4	5	6	7	8
9	10	11	12	13	14	15
16	17	18	19	20	21	22
23	24	25	26	27	28	29
30	31					

Goals for the Month

2023

January

M	T	W	T	F	S	S
						1
2	3	4	5	6	7	8
9	10	11	12	13	14	15
16	17	18	19	20	21	22
23	24	25	26	27	28	29
30	31					

February

M	T	W	T	F	S	S
		1	2	3	4	5
6	7	8	9	10	11	12
13	14	15	16	17	18	19
20	21	22	23	24	25	26
27	28					

March

M	T	W	T	F	S	S
		1	2	3	4	5
6	7	8	9	10	11	12
13	14	15	16	17	18	19
20	21	22	23	24	25	26
27	28	29	30	31		

April

M	T	W	T	F	S	S
					1	2
3	4	5	6	7	8	9
10	11	12	13	14	15	16
17	18	19	20	21	22	23
24	25	26	27	28	29	30

May

M	T	W	T	F	S	S
1	2	3	4	5	6	7
8	9	10	11	12	13	14
15	16	17	18	19	20	21
22	23	24	25	26	27	28
29	30	31				

June

M	T	W	T	F	S	S
			1	2	3	4
5	6	7	8	9	10	11
12	13	14	15	16	17	18
19	20	21	22	23	24	25
26	27	28	29	30		

July

M	T	W	T	F	S	S
					1	2
3	4	5	6	7	8	9
10	11	12	13	14	15	16
17	18	19	20	21	22	23
24	25	26	27	28	29	30
31						

August

M	T	W	T	F	S	S
	1	2	3	4	5	6
7	8	9	10	11	12	13
14	15	16	17	18	19	20
21	22	23	24	25	26	27
28	29	30	31			

September

M	T	W	T	F	S	S
				1	2	3
4	5	6	7	8	9	10
11	12	13	14	15	16	17
18	19	20	21	22	23	24
25	26	27	28	29	30	

October

M	T	W	T	F	S	S
						1
2	3	4	5	6	7	8
9	10	11	12	13	14	15
16	17	18	19	20	21	22
23	24	25	26	27	28	29
30	31					

November

M	T	W	T	F	S	S
		1	2	3	4	5
6	7	8	9	10	11	12
13	14	15	16	17	18	19
20	21	22	23	24	25	26
27	28	29	30			

December

M	T	W	T	F	S	S
				1	2	3
4	5	6	7	8	9	10
11	12	13	14	15	16	17
18	19	20	21	22	23	24
25	26	27	28	29	30	31

2023

Celebrations

January	February	March
April	May	June
July	August	September
October	November	December

Holidays

New Year's Day	January 1
New Year's Day (observed)	January 2
Martin Luther King Day	January 16
Presidents' Day	February 20
Memorial Day	May 29
Juneteenth	June 19
Independence Day	July 4
Labor Day	September 4
Columbus Day	October 9
Veterans Day (observed)	November 10
Veterans Day	November 11
Thanksgiving Day	November 23
Christmas Day	December 25

Yearly Overview

	JANUARY	FEBRUARY	MARCH	APRIL	MAY	JUNE
1						
2						
3						
4						
5						
6						
7						
8						
9						
10						
11						
12						
13						
14						
15						
16						
17						
18						
19						
20						
21						
22						
23						
24						
25						
26						
27						
28						
29						
30						
31						

2023

	JULY	AUGUST	SEPTEMBER	OCTOBER	NOVEMBER	DECEMBER
1						
2						
3						
4						
5						
6						
7						
8						
9						
10						
11						
12						
13						
14						
15						
16						
17						
18						
19						
20						
21						
22						
23						
24						
25						
26						
27						
28						
29						
30						
31						

January

MONDAY	TUESDAY	WEDNESDAY	THURSDAY
2	3	4	5
9	10	11	12
16	17	18	19
23	24	25	26
30	31	Notes	

2023

FRIDAY	SATURDAY	SUNDAY	TO DO
		1	
6	7	8	
13	14	15	
20	21	22	
27	28	29	

December

M	T	W	T	F	S	S
			1	2	3	4
5	6	7	8	9	10	11
12	13	14	15	16	17	18
19	20	21	22	23	24	25
26	27	28	29	30	31	

February

M	T	W	T	F	S	S
		1	2	3	4	5
6	7	8	9	10	11	12
13	14	15	16	17	18	19
20	21	22	23	24	25	26
27	28					

Goals for the Month

February

MONDAY	TUESDAY	WEDNESDAY	THURSDAY
		1	2
6	7	8	9
13	14	15	16
20	21	22	23
27	28		

Notes

2023

FRIDAY	SATURDAY	SUNDAY	TO DO
3	4	5	
10	11	12	
17	18	19	
24	25	26	

January

M	T	W	T	F	S	S
						1
2	3	4	5	6	7	8
9	10	11	12	13	14	15
16	17	18	19	20	21	22
23	24	25	26	27	28	29
30	31					

March

M	T	W	T	F	S	S
		1	2	3	4	5
6	7	8	9	10	11	12
13	14	15	16	17	18	19
20	21	22	23	24	25	26
27	28	29	30	31		

Goals for the Month

March

MONDAY	TUESDAY	WEDNESDAY	THURSDAY
		1	2
6	7	8	9
13	14	15	16
20	21	22	23
27	28	29	30

Notes

2023

FRIDAY	SATURDAY	SUNDAY	TO DO
3	4	5	
10	11	12	
17	18	19	
24	25	26	
31			

February

M	T	W	T	F	S	S
		1	2	3	4	5
6	7	8	9	10	11	12
13	14	15	16	17	18	19
20	21	22	23	24	25	26
27	28					

April

M	T	W	T	F	S	S
					1	2
3	4	5	6	7	8	9
10	11	12	13	14	15	16
17	18	19	20	21	22	23
24	25	26	27	28	29	30

Goals for the Month

April

MONDAY	TUESDAY	WEDNESDAY	THURSDAY
3	4	5	6
10	11	12	13
17	18	19	20
24	25	26	27

Notes

FRIDAY	SATURDAY	SUNDAY	TO DO
	1	2	
7	8	9	
14	15	16	
21	22	23	
28	29	30	

March

M	T	W	T	F	S	S
		1	2	3	4	5
6	7	8	9	10	11	12
13	14	15	16	17	18	19
20	21	22	23	24	25	26
27	28	29	30	31		

May

M	T	W	T	F	S	S
1	2	3	4	5	6	7
8	9	10	11	12	13	14
15	16	17	18	19	20	21
22	23	24	25	26	27	28
29	30	31				

Goals for the Month

May

MONDAY	TUESDAY	WEDNESDAY	THURSDAY
1	2	3	4
8	9	10	11
15	16	17	18
22	23	24	25
29	30	31	

Notes

FRIDAY	SATURDAY	SUNDAY	TO DO
5	6	7	
12	13	14	
19	20	21	
26	27	28	

April

M	T	W	T	F	S	S
					1	2
3	4	5	6	7	8	9
10	11	12	13	14	15	16
17	18	19	20	21	22	23
24	25	26	27	28	29	30

June

M	T	W	T	F	S	S
			1	2	3	4
5	6	7	8	9	10	11
12	13	14	15	16	17	18
19	20	21	22	23	24	25
26	27	28	29	30		

Goals for the Month

June

MONDAY	TUESDAY	WEDNESDAY	THURSDAY
			1
5	6	7	8
12	13	14	15
19	20	21	22
26	27	28	29

Notes

2023

FRIDAY	SATURDAY	SUNDAY	TO DO
2	3	4	
9	10	11	
16	17	18	
23	24	25	
30			

May

M	T	W	T	F	S	S
1	2	3	4	5	6	7
8	9	10	11	12	13	14
15	16	17	18	19	20	21
22	23	24	25	26	27	28
29	30	31				

July

M	T	W	T	F	S	S
					1	2
3	4	5	6	7	8	9
10	11	12	13	14	15	16
17	18	19	20	21	22	23
24	25	26	27	28	29	30
31						

Goals for the Month

July

MONDAY	TUESDAY	WEDNESDAY	THURSDAY
3	4	5	6
10	11	12	13
17	18	19	20
24	25	26	27
31	Notes		

TO DO

FRIDAY	SATURDAY	SUNDAY	TO DO
	1	2	
7	8	9	
14	15	16	
21	22	23	
28	29	30	

June

M	T	W	T	F	S	S
			1	2	3	4
5	6	7	8	9	10	11
12	13	14	15	16	17	18
19	20	21	22	23	24	25
26	27	28	29	30		

August

M	T	W	T	F	S	S
	1	2	3	4	5	6
7	8	9	10	11	12	13
14	15	16	17	18	19	20
21	22	23	24	25	26	27
28	29	30	31			

Goals for the Month

August

MONDAY	TUESDAY	WEDNESDAY	THURSDAY
	1	2	3
7	8	9	10
14	15	16	17
21	22	23	24
28	29	30	31

Notes

2023

FRIDAY	SATURDAY	SUNDAY	TO DO
4	5	6	
11	12	13	
18	19	20	
25	26	27	

July

M	T	W	T	F	S	S
					1	2
3	4	5	6	7	8	9
10	11	12	13	14	15	16
17	18	19	20	21	22	23
24	25	26	27	28	29	30
31						

September

M	T	W	T	F	S	S
				1	2	3
4	5	6	7	8	9	10
11	12	13	14	15	16	17
18	19	20	21	22	23	24
25	26	27	28	29	30	

Goals for the Month

September

MONDAY	TUESDAY	WEDNESDAY	THURSDAY
4	5	6	7
11	12	13	14
18	19	20	21
25	26	27	28

Notes

2023

FRIDAY	SATURDAY	SUNDAY	TO DO
1	2	3	
8	9	10	
15	16	17	
22	23	24	
29	30		

August

M	T	W	T	F	S	S
	1	2	3	4	5	6
7	8	9	10	11	12	13
14	15	16	17	18	19	20
21	22	23	24	25	26	27
28	29	30	31			

October

M	T	W	T	F	S	S
						1
2	3	4	5	6	7	8
9	10	11	12	13	14	15
16	17	18	19	20	21	22
23	24	25	26	27	28	29
30	31					

Goals for the Month

October

MONDAY	TUESDAY	WEDNESDAY	THURSDAY
2	3	4	5
9	10	11	12
16	17	18	19
23	24	25	26
30	31	*Notes*	

FRIDAY	SATURDAY	SUNDAY	TO DO
		1	
6	7	8	
13	14	15	
20	21	22	
27	28	29	

September

M	T	W	T	F	S	S
				1	2	3
4	5	6	7	8	9	10
11	12	13	14	15	16	17
18	19	20	21	22	23	24
25	26	27	28	29	30	

November

M	T	W	T	F	S	S
		1	2	3	4	5
6	7	8	9	10	11	12
13	14	15	16	17	18	19
20	21	22	23	24	25	26
27	28	29	30			

Goals for the Month

November

MONDAY	TUESDAY	WEDNESDAY	THURSDAY
		1	2
6	7	8	9
13	14	15	16
20	21	22	23
27	28	29	30

Notes

FRIDAY	SATURDAY	SUNDAY	TO DO
3	4	5	
10	11	12	
17	18	19	
24	25	26	

October

M	T	W	T	F	S	S
						1
2	3	4	5	6	7	8
9	10	11	12	13	14	15
16	17	18	19	20	21	22
23	24	25	26	27	28	29
30	31					

December

M	T	W	T	F	S	S
				1	2	3
4	5	6	7	8	9	10
11	12	13	14	15	16	17
18	19	20	21	22	23	24
25	26	27	28	29	30	31

Goals for the Month

December

MONDAY	TUESDAY	WEDNESDAY	THURSDAY
4	5	6	7
11	12	13	14
18	19	20	21
25	26	27	28

Notes

FRIDAY	SATURDAY	SUNDAY	TO DO
1	2	3	
8	9	10	
15	16	17	
22	23	24	
29	30	31	

November

M	T	W	T	F	S	S
		1	2	3	4	5
6	7	8	9	10	11	12
13	14	15	16	17	18	19
20	21	22	23	24	25	26
27	28	29	30			

January

M	T	W	T	F	S	S
1	2	3	4	5	6	7
8	9	10	11	12	13	14
15	16	17	18	19	20	21
22	23	24	25	26	27	28
29	30	31				

Goals for the Month

2024

January

M	T	W	T	F	S	S
1	2	3	4	5	6	7
8	9	10	11	12	13	14
15	16	17	18	19	20	21
22	23	24	25	26	27	28
29	30	31				

February

M	T	W	T	F	S	S
			1	2	3	4
5	6	7	8	9	10	11
12	13	14	15	16	17	18
19	20	21	22	23	24	25
26	27	28	29			

March

M	T	W	T	F	S	S
				1	2	3
4	5	6	7	8	9	10
11	12	13	14	15	16	17
18	19	20	21	22	23	24
25	26	27	28	29	30	31

April

M	T	W	T	F	S	S
1	2	3	4	5	6	7
8	9	10	11	12	13	14
15	16	17	18	19	20	21
22	23	24	25	26	27	28
29	30					

May

M	T	W	T	F	S	S
		1	2	3	4	5
6	7	8	9	10	11	12
13	14	15	16	17	18	19
20	21	22	23	24	25	26
27	28	29	30	31		

June

M	T	W	T	F	S	S
					1	2
3	4	5	6	7	8	9
10	11	12	13	14	15	16
17	18	19	20	21	22	23
24	25	26	27	28	29	30

July

M	T	W	T	F	S	S
1	2	3	4	5	6	7
8	9	10	11	12	13	14
15	16	17	18	19	20	21
22	23	24	25	26	27	28
29	30	31				

August

M	T	W	T	F	S	S
			1	2	3	4
5	6	7	8	9	10	11
12	13	14	15	16	17	18
19	20	21	22	23	24	25
26	27	28	29	30	31	

September

M	T	W	T	F	S	S
						1
2	3	4	5	6	7	8
9	10	11	12	13	14	15
16	17	18	19	20	21	22
23	24	25	26	27	28	29
30						

October

M	T	W	T	F	S	S
	1	2	3	4	5	6
7	8	9	10	11	12	13
14	15	16	17	18	19	20
21	22	23	24	25	26	27
28	29	30	31			

November

M	T	W	T	F	S	S
				1	2	3
4	5	6	7	8	9	10
11	12	13	14	15	16	17
18	19	20	21	22	23	24
25	26	27	28	29	30	

December

M	T	W	T	F	S	S
						1
2	3	4	5	6	7	8
9	10	11	12	13	14	15
16	17	18	19	20	21	22
23	24	25	26	27	28	29
30	31					

2024

Celebrations

January	February	March
April	May	June
July	August	September
October	November	December

Holidays

New Year's Day	January 1
Martin Luther King Day	January 15
Presidents' Day	February 19
Memorial Day	May 27
Juneteenth	June 19
Independence Day	July 4
Labor Day	September 2
Columbus Day	October 14
Veterans Day	November 11
Thanksgiving Day	November 28
Christmas Day	December 25

Yearly Overview

	JANUARY	FEBRUARY	MARCH	APRIL	MAY	JUNE
1						
2						
3						
4						
5						
6						
7						
8						
9						
10						
11						
12						
13						
14						
15						
16						
17						
18						
19						
20						
21						
22						
23						
24						
25						
26						
27						
28						
29						
30						
31						

2024

	JULY	AUGUST	SEPTEMBER	OCTOBER	NOVEMBER	DECEMBER
1						
2						
3						
4						
5						
6						
7						
8						
9						
10						
11						
12						
13						
14						
15						
16						
17						
18						
19						
20						
21						
22						
23						
24						
25						
26						
27						
28						
29						
30						
31						

January

MONDAY	TUESDAY	WEDNESDAY	THURSDAY
1	2	3	4
8	9	10	11
15	16	17	18
22	23	24	25
29	30	31	

Notes

2024

FRIDAY	SATURDAY	SUNDAY	TO DO
5	6	7	
12	13	14	
19	20	21	
26	27	28	

December

M	T	W	T	F	S	S
				1	2	3
4	5	6	7	8	9	10
11	12	13	14	15	16	17
18	19	20	21	22	23	24
25	26	27	28	29	30	31

February

M	T	W	T	F	S	S
			1	2	3	4
5	6	7	8	9	10	11
12	13	14	15	16	17	18
19	20	21	22	23	24	25
26	27	28	29			

Goals for the Month

February

MONDAY	TUESDAY	WEDNESDAY	THURSDAY
			1
5	6	7	8
12	13	14	15
19	20	21	22
26	27	28	29

Notes

2024

FRIDAY	SATURDAY	SUNDAY	TO DO
2	3	4	
9	10	11	
16	17	18	
23	24	25	

January

M	T	W	T	F	S	S
1	2	3	4	5	6	7
8	9	10	11	12	13	14
15	16	17	18	19	20	21
22	23	24	25	26	27	28
29	30	31				

March

M	T	W	T	F	S	S
				1	2	3
4	5	6	7	8	9	10
11	12	13	14	15	16	17
18	19	20	21	22	23	24
25	26	27	28	29	30	31

Goals for the Month

March

MONDAY	TUESDAY	WEDNESDAY	THURSDAY
4	5	6	7
11	12	13	14
18	19	20	21
25	26	27	28

Notes

FRIDAY	SATURDAY	SUNDAY	TO DO
1	2	3	
8	9	10	
15	16	17	
22	23	24	
29	30	31	

February

M	T	W	T	F	S	S
			1	2	3	4
5	6	7	8	9	10	11
12	13	14	15	16	17	18
19	20	21	22	23	24	25
26	27	28	29			

April

M	T	W	T	F	S	S
1	2	3	4	5	6	7
8	9	10	11	12	13	14
15	16	17	18	19	20	21
22	23	24	25	26	27	28
29	30					

Goals for the Month

April

MONDAY	TUESDAY	WEDNESDAY	THURSDAY
1	2	3	4
8	9	10	11
15	16	17	18
22	23	24	25
29	30		

Notes

2024

FRIDAY	SATURDAY	SUNDAY	TO DO
5	6	7	
12	13	14	
19	20	21	
26	27	28	

March

M	T	W	T	F	S	S
				1	2	3
4	5	6	7	8	9	10
11	12	13	14	15	16	17
18	19	20	21	22	23	24
25	26	27	28	29	30	31

May

M	T	W	T	F	S	S
		1	2	3	4	5
6	7	8	9	10	11	12
13	14	15	16	17	18	19
20	21	22	23	24	25	26
27	28	29	30	31		

Goals for the Month

May

MONDAY	TUESDAY	WEDNESDAY	THURSDAY
		1	2
6	7	8	9
13	14	15	16
20	21	22	23
27	28	29	30

Notes

FRIDAY	SATURDAY	SUNDAY	TO DO
3	4	5	
10	11	12	
17	18	19	
24	25	26	
31			

April

M	T	W	T	F	S	S
1	2	3	4	5	6	7
8	9	10	11	12	13	14
15	16	17	18	19	20	21
22	23	24	25	26	27	28
29	30					

June

M	T	W	T	F	S	S
					1	2
3	4	5	6	7	8	9
10	11	12	13	14	15	16
17	18	19	20	21	22	23
24	25	26	27	28	29	30

Goals for the Month

June

MONDAY	TUESDAY	WEDNESDAY	THURSDAY
3	4	5	6
10	11	12	13
17	18	19	20
24	25	26	27

Notes

FRIDAY	SATURDAY	SUNDAY	TO DO
	1	2	
7	8	9	
14	15	16	
21	22	23	
28	29	30	

May

M	T	W	T	F	S	S
		1	2	3	4	5
6	7	8	9	10	11	12
13	14	15	16	17	18	19
20	21	22	23	24	25	26
27	28	29	30	31		

July

M	T	W	T	F	S	S
1	2	3	4	5	6	7
8	9	10	11	12	13	14
15	16	17	18	19	20	21
22	23	24	25	26	27	28
29	30	31				

Goals for the Month

July

MONDAY	TUESDAY	WEDNESDAY	THURSDAY
1	2	3	4
8	9	10	11
15	16	17	18
22	23	24	25
29	30	31	

Notes

FRIDAY	SATURDAY	SUNDAY	TO DO
5	6	7	
12	13	14	
19	20	21	
26	27	28	

June

M	T	W	T	F	S	S
					1	2
3	4	5	6	7	8	9
10	11	12	13	14	15	16
17	18	19	20	21	22	23
24	25	26	27	28	29	30

August

M	T	W	T	F	S	S
			1	2	3	4
5	6	7	8	9	10	11
12	13	14	15	16	17	18
19	20	21	22	23	24	25
26	27	28	29	30	31	

Goals for the Month

August

MONDAY	TUESDAY	WEDNESDAY	THURSDAY
			1
5	6	7	8
12	13	14	15
19	20	21	22
26	27	28	29

Notes

FRIDAY	SATURDAY	SUNDAY	TO DO
2	3	4	
9	10	11	
16	17	18	
23	24	25	
30	31		

July

M	T	W	T	F	S	S
1	2	3	4	5	6	7
8	9	10	11	12	13	14
15	16	17	18	19	20	21
22	23	24	25	26	27	28
29	30	31				

September

M	T	W	T	F	S	S
						1
2	3	4	5	6	7	8
9	10	11	12	13	14	15
16	17	18	19	20	21	22
23	24	25	26	27	28	29
30						

Goals for the Month

September

MONDAY	TUESDAY	WEDNESDAY	THURSDAY
2	3	4	5
9	10	11	12
16	17	18	19
23	24	25	26
30	Notes		

2024

FRIDAY	SATURDAY	SUNDAY	TO DO
		1	
6	7	8	
13	14	15	
20	21	22	
27	28	29	

August

M	T	W	T	F	S	S
			1	2	3	4
5	6	7	8	9	10	11
12	13	14	15	16	17	18
19	20	21	22	23	24	25
26	27	28	29	30	31	

October

M	T	W	T	F	S	S
	1	2	3	4	5	6
7	8	9	10	11	12	13
14	15	16	17	18	19	20
21	22	23	24	25	26	27
28	29	30	31			

Goals for the Month

October

MONDAY	TUESDAY	WEDNESDAY	THURSDAY
	1	2	3
7	8	9	10
14	15	16	17
21	22	23	24
28	29	30	31

Notes

2024

FRIDAY	SATURDAY	SUNDAY	TO DO
4	5	6	
11	12	13	
18	19	20	
25	26	27	

September

M	T	W	T	F	S	S
						1
2	3	4	5	6	7	8
9	10	11	12	13	14	15
16	17	18	19	20	21	22
23	24	25	26	27	28	29
30						

November

M	T	W	T	F	S	S
				1	2	3
4	5	6	7	8	9	10
11	12	13	14	15	16	17
18	19	20	21	22	23	24
25	26	27	28	29	30	

Goals for the Month

November

MONDAY	TUESDAY	WEDNESDAY	THURSDAY
4	5	6	7
11	12	13	14
18	19	20	21
25	26	27	28

Notes

FRIDAY	SATURDAY	SUNDAY	TO DO
1	2	3	
8	9	10	
15	16	17	
22	23	24	
29	30		

October

M	T	W	T	F	S	S
	1	2	3	4	5	6
7	8	9	10	11	12	13
14	15	16	17	18	19	20
21	22	23	24	25	26	27
28	29	30	31			

December

M	T	W	T	F	S	S
						1
2	3	4	5	6	7	8
9	10	11	12	13	14	15
16	17	18	19	20	21	22
23	24	25	26	27	28	29
30	31					

Goals for the Month

December

MONDAY	TUESDAY	WEDNESDAY	THURSDAY
2	3	4	5
9	10	11	12
16	17	18	19
23	24	25	26
30	31	Notes	

FRIDAY	SATURDAY	SUNDAY	TO DO
		1	
6	7	8	
13	14	15	
20	21	22	
27	28	29	

November

M	T	W	T	F	S	S
				1	2	3
4	5	6	7	8	9	10
11	12	13	14	15	16	17
18	19	20	21	22	23	24
25	26	27	28	29	30	

January

M	T	W	T	F	S	S
		1	2	3	4	5
6	7	8	9	10	11	12
13	14	15	16	17	18	19
20	21	22	23	24	25	26
27	28	29	30	31		

Goals for the Month

2025

January

M	T	W	T	F	S	S
		1	2	3	4	5
6	7	8	9	10	11	12
13	14	15	16	17	18	19
20	21	22	23	24	25	26
27	28	29	30	31		

February

M	T	W	T	F	S	S
					1	2
3	4	5	6	7	8	9
10	11	12	13	14	15	16
17	18	19	20	21	22	23
24	25	26	27	28		

March

M	T	W	T	F	S	S
					1	2
3	4	5	6	7	8	9
10	11	12	13	14	15	16
17	18	19	20	21	22	23
24	25	26	27	28	29	30
31						

April

M	T	W	T	F	S	S
	1	2	3	4	5	6
7	8	9	10	11	12	13
14	15	16	17	18	19	20
21	22	23	24	25	26	27
28	29	30				

May

M	T	W	T	F	S	S
			1	2	3	4
5	6	7	8	9	10	11
12	13	14	15	16	17	18
19	20	21	22	23	24	25
26	27	28	29	30	31	

June

M	T	W	T	F	S	S
						1
2	3	4	5	6	7	8
9	10	11	12	13	14	15
16	17	18	19	20	21	22
23	24	25	26	27	28	29
30						

July

M	T	W	T	F	S	S
	1	2	3	4	5	6
7	8	9	10	11	12	13
14	15	16	17	18	19	20
21	22	23	24	25	26	27
28	29	30	31			

August

M	T	W	T	F	S	S
				1	2	3
4	5	6	7	8	9	10
11	12	13	14	15	16	17
18	19	20	21	22	23	24
25	26	27	28	29	30	31

September

M	T	W	T	F	S	S
1	2	3	4	5	6	7
8	9	10	11	12	13	14
15	16	17	18	19	20	21
22	23	24	25	26	27	28
29	30					

October

M	T	W	T	F	S	S
		1	2	3	4	5
6	7	8	9	10	11	12
13	14	15	16	17	18	19
20	21	22	23	24	25	26
27	28	29	30	31		

November

M	T	W	T	F	S	S
					1	2
3	4	5	6	7	8	9
10	11	12	13	14	15	16
17	18	19	20	21	22	23
24	25	26	27	28	29	30

December

M	T	W	T	F	S	S
1	2	3	4	5	6	7
8	9	10	11	12	13	14
15	16	17	18	19	20	21
22	23	24	25	26	27	28
29	30	31				

2025

Celebrations

January	February	March
April	May	June
July	August	September
October	November	December

Holidays

New Year's Day	January 1
Martin Luther King Day	January 20
Presidents' Day	February 17
Memorial Day	May 26
Juneteenth	June 19
Independence Day	July 4
Labor Day	September 1
Columbus Day	October 13
Veterans Day	November 11
Thanksgiving Day	November 27
Christmas Day	December 25

Yearly Overview

	JANUARY	FEBRUARY	MARCH	APRIL	MAY	JUNE
1						
2						
3						
4						
5						
6						
7						
8						
9						
10						
11						
12						
13						
14						
15						
16						
17						
18						
19						
20						
21						
22						
23						
24						
25						
26						
27						
28						
29						
30						
31						

2025

	JULY	AUGUST	SEPTEMBER	OCTOBER	NOVEMBER	DECEMBER
1						
2						
3						
4						
5						
6						
7						
8						
9						
10						
11						
12						
13						
14						
15						
16						
17						
18						
19						
20						
21						
22						
23						
24						
25						
26						
27						
28						
29						
30						
31						

January

MONDAY	TUESDAY	WEDNESDAY	THURSDAY
		1	2
6	7	8	9
13	14	15	16
20	21	22	23
27	28	29	30

Notes

2025

FRIDAY	SATURDAY	SUNDAY	TO DO
3	4	5	
10	11	12	
17	18	19	
24	25	26	
31			

December

M	T	W	T	F	S	S
						1
2	3	4	5	6	7	8
9	10	11	12	13	14	15
16	17	18	19	20	21	22
23	24	25	26	27	28	29
30	31					

February

M	T	W	T	F	S	S
					1	2
3	4	5	6	7	8	9
10	11	12	13	14	15	16
17	18	19	20	21	22	23
24	25	26	27	28		

Goals for the Month

February

MONDAY	TUESDAY	WEDNESDAY	THURSDAY
3	4	5	6
10	11	12	13
17	18	19	20
24	25	26	27

Notes

2025

FRIDAY	SATURDAY	SUNDAY	TO DO
	1	2	
7	8	9	
14	15	16	
21	22	23	
28			

January

M	T	W	T	F	S	S
		1	2	3	4	5
6	7	8	9	10	11	12
13	14	15	16	17	18	19
20	21	22	23	24	25	26
27	28	29	30	31		

March

M	T	W	T	F	S	S
					1	2
3	4	5	6	7	8	9
10	11	12	13	14	15	16
17	18	19	20	21	22	23
24	25	26	27	28	29	30
31						

Goals for the Month

March

MONDAY	TUESDAY	WEDNESDAY	THURSDAY
3	4	5	6
10	11	12	13
17	18	19	20
24	25	26	27
31	*Notes*		

2025

FRIDAY	SATURDAY	SUNDAY	TO DO
	1	2	
7	8	9	
14	15	16	
21	22	23	
28	29	30	

February

M	T	W	T	F	S	S
					1	2
3	4	5	6	7	8	9
10	11	12	13	14	15	16
17	18	19	20	21	22	23
24	25	26	27	28		

April

M	T	W	T	F	S	S
	1	2	3	4	5	6
7	8	9	10	11	12	13
14	15	16	17	18	19	20
21	22	23	24	25	26	27
28	29	30				

Goals for the Month

April

MONDAY	TUESDAY	WEDNESDAY	THURSDAY
	1	2	3
7	8	9	10
14	15	16	17
21	22	23	24
28	29	30	

Notes

2025

TO DO

FRIDAY	SATURDAY	SUNDAY	
4	5	6	
11	12	13	
18	19	20	
25	26	27	

March

M	T	W	T	F	S	S
					1	2
3	4	5	6	7	8	9
10	11	12	13	14	15	16
17	18	19	20	21	22	23
24	25	26	27	28	29	30
31						

May

M	T	W	T	F	S	S
			1	2	3	4
5	6	7	8	9	10	11
12	13	14	15	16	17	18
19	20	21	22	23	24	25
26	27	28	29	30	31	

Goals for the Month

May

MONDAY	TUESDAY	WEDNESDAY	THURSDAY
			1
5	6	7	8
12	13	14	15
19	20	21	22
26	27	28	29

Notes

FRIDAY	SATURDAY	SUNDAY	TO DO
2	3	4	
9	10	11	
16	17	18	
23	24	25	
30	31		

April

M	T	W	T	F	S	S
	1	2	3	4	5	6
7	8	9	10	11	12	13
14	15	16	17	18	19	20
21	22	23	24	25	26	27
28	29	30				

June

M	T	W	T	F	S	S
						1
2	3	4	5	6	7	8
9	10	11	12	13	14	15
16	17	18	19	20	21	22
23	24	25	26	27	28	29
30						

Goals for the Month

June

MONDAY	TUESDAY	WEDNESDAY	THURSDAY
2	3	4	5
9	10	11	12
16	17	18	19
23	24	25	26
30	Notes		

2025

FRIDAY	SATURDAY	SUNDAY	TO DO
		1	
6	7	8	
13	14	15	
20	21	22	
27	28	29	

May

M	T	W	T	F	S	S
			1	2	3	4
5	6	7	8	9	10	11
12	13	14	15	16	17	18
19	20	21	22	23	24	25
26	27	28	29	30	31	

July

M	T	W	T	F	S	S
	1	2	3	4	5	6
7	8	9	10	11	12	13
14	15	16	17	18	19	20
21	22	23	24	25	26	27
28	29	30	31			

Goals for the Month

July

MONDAY	TUESDAY	WEDNESDAY	THURSDAY
	1	2	3
7	8	9	10
14	15	16	17
21	22	23	24
28	29	30	31

Notes

2025

FRIDAY	SATURDAY	SUNDAY	TO DO
4	5	6	
11	12	13	
18	19	20	
25	26	27	

June

M	T	W	T	F	S	S
						1
2	3	4	5	6	7	8
9	10	11	12	13	14	15
16	17	18	19	20	21	22
23	24	25	26	27	28	29
30						

August

M	T	W	T	F	S	S
				1	2	3
4	5	6	7	8	9	10
11	12	13	14	15	16	17
18	19	20	21	22	23	24
25	26	27	28	29	30	31

Goals for the Month

August

MONDAY	TUESDAY	WEDNESDAY	THURSDAY
4	5	6	7
11	12	13	14
18	19	20	21
25	26	27	28

Notes

2025

FRIDAY	SATURDAY	SUNDAY	TO DO
1	2	3	
8	9	10	
15	16	17	
22	23	24	
29	30	31	

July

M	T	W	T	F	S	S
	1	2	3	4	5	6
7	8	9	10	11	12	13
14	15	16	17	18	19	20
21	22	23	24	25	26	27
28	29	30	31			

September

M	T	W	T	F	S	S
1	2	3	4	5	6	7
8	9	10	11	12	13	14
15	16	17	18	19	20	21
22	23	24	25	26	27	28
29	30					

Goals for the Month

September

MONDAY	TUESDAY	WEDNESDAY	THURSDAY
1	2	3	4
8	9	10	11
15	16	17	18
22	23	24	25
29	30		

Notes

FRIDAY	SATURDAY	SUNDAY	TO DO
5	6	7	
12	13	14	
19	20	21	
26	27	28	

August

M	T	W	T	F	S	S
				1	2	3
4	5	6	7	8	9	10
11	12	13	14	15	16	17
18	19	20	21	22	23	24
25	26	27	28	29	30	31

October

M	T	W	T	F	S	S
		1	2	3	4	5
6	7	8	9	10	11	12
13	14	15	16	17	18	19
20	21	22	23	24	25	26
27	28	29	30	31		

Goals for the Month

October

MONDAY	TUESDAY	WEDNESDAY	THURSDAY
		1	2
6	7	8	9
13	14	15	16
20	21	22	23
27	28	29	30

Notes

2025

FRIDAY	SATURDAY	SUNDAY	TO DO
3	4	5	
10	11	12	
17	18	19	
24	25	26	
31			

September

M	T	W	T	F	S	S
1	2	3	4	5	6	7
8	9	10	11	12	13	14
15	16	17	18	19	20	21
22	23	24	25	26	27	28
29	30					

November

M	T	W	T	F	S	S
					1	2
3	4	5	6	7	8	9
10	11	12	13	14	15	16
17	18	19	20	21	22	23
24	25	26	27	28	29	30

Goals for the Month

November

MONDAY	TUESDAY	WEDNESDAY	THURSDAY
3	4	5	6
10	11	12	13
17	18	19	20
24	25	26	27

Notes

2025

FRIDAY	SATURDAY	SUNDAY	TO DO
	1	2	
7	8	9	
14	15	16	
21	22	23	
28	29	30	

October

M	T	W	T	F	S	S
		1	2	3	4	5
6	7	8	9	10	11	12
13	14	15	16	17	18	19
20	21	22	23	24	25	26
27	28	29	30	31		

December

M	T	W	T	F	S	S
1	2	3	4	5	6	7
8	9	10	11	12	13	14
15	16	17	18	19	20	21
22	23	24	25	26	27	28
29	30	31				

Goals for the Month

December

MONDAY	TUESDAY	WEDNESDAY	THURSDAY
1	2	3	4
8	9	10	11
15	16	17	18
22	23	24	25
29	30	31	

Notes

FRIDAY	SATURDAY	SUNDAY	TO DO
5	6	7	
12	13	14	
19	20	21	
26	27	28	

November

M	T	W	T	F	S	S
					1	2
3	4	5	6	7	8	9
10	11	12	13	14	15	16
17	18	19	20	21	22	23
24	25	26	27	28	29	30

January

M	T	W	T	F	S	S
			1	2	3	4
5	6	7	8	9	10	11
12	13	14	15	16	17	18
19	20	21	22	23	24	25
26	27	28	29	30	31	

Goals for the Month

2026

January

M	T	W	T	F	S	S
			1	2	3	4
5	6	7	8	9	10	11
12	13	14	15	16	17	18
19	20	21	22	23	24	25
26	27	28	29	30	31	

February

M	T	W	T	F	S	S
						1
2	3	4	5	6	7	8
9	10	11	12	13	14	15
16	17	18	19	20	21	22
23	24	25	26	27	28	

March

M	T	W	T	F	S	S
						1
2	3	4	5	6	7	8
9	10	11	12	13	14	15
16	17	18	19	20	21	22
23	24	25	26	27	28	29
30	31					

April

M	T	W	T	F	S	S
		1	2	3	4	5
6	7	8	9	10	11	12
13	14	15	16	17	18	19
20	21	22	23	24	25	26
27	28	29	30			

May

M	T	W	T	F	S	S
				1	2	3
4	5	6	7	8	9	10
11	12	13	14	15	16	17
18	19	20	21	22	23	24
25	26	27	28	29	30	31

June

M	T	W	T	F	S	S
1	2	3	4	5	6	7
8	9	10	11	12	13	14
15	16	17	18	19	20	21
22	23	24	25	26	27	28
29	30					

July

M	T	W	T	F	S	S
		1	2	3	4	5
6	7	8	9	10	11	12
13	14	15	16	17	18	19
20	21	22	23	24	25	26
27	28	29	30	31		

August

M	T	W	T	F	S	S
					1	2
3	4	5	6	7	8	9
10	11	12	13	14	15	16
17	18	19	20	21	22	23
24	25	26	27	28	29	30
31						

September

M	T	W	T	F	S	S
	1	2	3	4	5	6
7	8	9	10	11	12	13
14	15	16	17	18	19	20
21	22	23	24	25	26	27
28	29	30				

October

M	T	W	T	F	S	S
			1	2	3	4
5	6	7	8	9	10	11
12	13	14	15	16	17	18
19	20	21	22	23	24	25
26	27	28	29	30	31	

November

M	T	W	T	F	S	S
						1
2	3	4	5	6	7	8
9	10	11	12	13	14	15
16	17	18	19	20	21	22
23	24	25	26	27	28	29
30						

December

M	T	W	T	F	S	S
	1	2	3	4	5	6
7	8	9	10	11	12	13
14	15	16	17	18	19	20
21	22	23	24	25	26	27
28	29	30	31			

2026

Celebrations

January	February	March
April	May	June
July	August	September
October	November	December

Holidays

New Year's Day	January 1
Martin Luther King Day	January 19
Presidents' Day	February 16
Memorial Day	May 25
Juneteenth	June 19
Independence Day (Observed)	July 3
Independence Day	July 4
Labor Day	September 7
Columbus Day	October 12
Veterans Day	November 11
Thanksgiving Day	November 26
Christmas Day	December 25

Yearly Overview

	JANUARY	FEBRUARY	MARCH	APRIL	MAY	JUNE
1						
2						
3						
4						
5						
6						
7						
8						
9						
10						
11						
12						
13						
14						
15						
16						
17						
18						
19						
20						
21						
22						
23						
24						
25						
26						
27						
28						
29						
30						
31						

2026

	JULY	AUGUST	SEPTEMBER	OCTOBER	NOVEMBER	DECEMBER
1						
2						
3						
4						
5						
6						
7						
8						
9						
10						
11						
12						
13						
14						
15						
16						
17						
18						
19						
20						
21						
22						
23						
24						
25						
26						
27						
28						
29						
30						
31						

January

MONDAY	TUESDAY	WEDNESDAY	THURSDAY
			1
5	6	7	8
12	13	14	15
19	20	21	22
26	27	28	29

Notes

2026

FRIDAY	SATURDAY	SUNDAY	TO DO
2	3	4	
9	10	11	
16	17	18	
23	24	25	
30	31		

December

M	T	W	T	F	S	S
1	2	3	4	5	6	7
8	9	10	11	12	13	14
15	16	17	18	19	20	21
22	23	24	25	26	27	28
29	30	31				

January

M	T	W	T	F	S	S
			1	2	3	4
5	6	7	8	9	10	11
12	13	14	15	16	17	18
19	20	21	22	23	24	25
26	27	28	29	30	31	

Goals for the Month

February

MONDAY	TUESDAY	WEDNESDAY	THURSDAY
2	3	4	5
9	10	11	12
16	17	18	19
23	24	25	26

Notes

FRIDAY	SATURDAY	SUNDAY	TO DO
		1	
6	7	8	
13	14	15	
20	21	22	
27	28		

January

M	T	W	T	F	S	S
			1	2	3	4
5	6	7	8	9	10	11
12	13	14	15	16	17	18
19	20	21	22	23	24	25
26	27	28	29	30	31	

March

M	T	W	T	F	S	S
						1
2	3	4	5	6	7	8
9	10	11	12	13	14	15
16	17	18	19	20	21	22
23	24	25	26	27	28	29
30	31					

Goals for the Month

March

MONDAY	TUESDAY	WEDNESDAY	THURSDAY
2	3	4	5
9	10	11	12
16	17	18	19
23	24	25	26
30	31	Notes	

2026

FRIDAY	SATURDAY	SUNDAY	TO DO
		1	
6	7	8	
13	14	15	
20	21	22	
27	28	29	

February

M	T	W	T	F	S	S
						1
2	3	4	5	6	7	8
9	10	11	12	13	14	15
16	17	18	19	20	21	22
23	24	25	26	27	28	

April

M	T	W	T	F	S	S
		1	2	3	4	5
6	7	8	9	10	11	12
13	14	15	16	17	18	19
20	21	22	23	24	25	26
27	28	29	30			

Goals for the Month

April

MONDAY	TUESDAY	WEDNESDAY	THURSDAY
		1	2
6	7	8	9
13	14	15	16
20	21	22	23
27	28	29	30

Notes

FRIDAY	SATURDAY	SUNDAY	TO DO
3	4	5	
10	11	12	
17	18	19	
24	25	26	

March

M	T	W	T	F	S	S
						1
2	3	4	5	6	7	8
9	10	11	12	13	14	15
16	17	18	19	20	21	22
23	24	25	26	27	28	29
30	31					

May

M	T	W	T	F	S	S
				1	2	3
4	5	6	7	8	9	10
11	12	13	14	15	16	17
18	19	20	21	22	23	24
25	26	27	28	29	30	31

Goals for the Month

May

MONDAY	TUESDAY	WEDNESDAY	THURSDAY
4	5	6	7
11	12	13	14
18	19	20	21
25	26	27	28

Notes

FRIDAY	SATURDAY	SUNDAY	TO DO
1	2	3	
8	9	10	
15	16	17	
22	23	24	
29	30	31	

April

M	T	W	T	F	S	S
		1	2	3	4	5
6	7	8	9	10	11	12
13	14	15	16	17	18	19
20	21	22	23	24	25	26
27	28	29	30			

June

M	T	W	T	F	S	S
1	2	3	4	5	6	7
8	9	10	11	12	13	14
15	16	17	18	19	20	21
22	23	24	25	26	27	28
29	30					

Goals for the Month

June

MONDAY	TUESDAY	WEDNESDAY	THURSDAY
1	2	3	4
8	9	10	11
15	16	17	18
22	23	24	25
29	30		

Notes

FRIDAY	SATURDAY	SUNDAY	TO DO
5	6	7	
12	13	14	
19	20	21	
26	27	28	

May

M	T	W	T	F	S	S
				1	2	3
4	5	6	7	8	9	10
11	12	13	14	15	16	17
18	19	20	21	22	23	24
25	26	27	28	29	30	31

July

M	T	W	T	F	S	S
		1	2	3	4	5
6	7	8	9	10	11	12
13	14	15	16	17	18	19
20	21	22	23	24	25	26
27	28	29	30	31		

Goals for the Month

July

MONDAY	TUESDAY	WEDNESDAY	THURSDAY
		1	2
6	7	8	9
13	14	15	16
20	21	22	23
27	28	29	30

Notes

FRIDAY	SATURDAY	SUNDAY	TO DO
3	4	5	
10	11	12	
17	18	19	
24	25	26	
31			

June

M	T	W	T	F	S	S
1	2	3	4	5	6	7
8	9	10	11	12	13	14
15	16	17	18	19	20	21
22	23	24	25	26	27	28
29	30					

August

M	T	W	T	F	S	S
					1	2
3	4	5	6	7	8	9
10	11	12	13	14	15	16
17	18	19	20	21	22	23
24	25	26	27	28	29	30
31						

Goals for the Month

August

MONDAY	TUESDAY	WEDNESDAY	THURSDAY
3	4	5	6
10	11	12	13
17	18	19	20
24	25	26	27
31	Notes		

FRIDAY	SATURDAY	SUNDAY	TO DO
	1	2	
7	8	9	
14	15	16	
21	22	23	
28	29	30	

July

M	T	W	T	F	S	S
		1	2	3	4	5
6	7	8	9	10	11	12
13	14	15	16	17	18	19
20	21	22	23	24	25	26
27	28	29	30	31		

September

M	T	W	T	F	S	S
	1	2	3	4	5	6
7	8	9	10	11	12	13
14	15	16	17	18	19	20
21	22	23	24	25	26	27
28	29	30				

Goals for the Month

September

MONDAY	TUESDAY	WEDNESDAY	THURSDAY
	1	2	3
7	8	9	10
14	15	16	17
21	22	23	24
28	29	30	

Notes

2026

FRIDAY	SATURDAY	SUNDAY	TO DO
4	5	6	
11	12	13	
18	19	20	
25	26	27	

August

M	T	W	T	F	S	S
					1	2
3	4	5	6	7	8	9
10	11	12	13	14	15	16
17	18	19	20	21	22	23
24	25	26	27	28	29	30
31						

October

M	T	W	T	F	S	S
			1	2	3	4
5	6	7	8	9	10	11
12	13	14	15	16	17	18
19	20	21	22	23	24	25
26	27	28	29	30	31	

Goals for the Month

October

MONDAY	TUESDAY	WEDNESDAY	THURSDAY
			1
5	6	7	8
12	13	14	15
19	20	21	22
26	27	28	29

Notes

FRIDAY	SATURDAY	SUNDAY	TO DO
2	3	4	
9	10	11	
16	17	18	
23	24	25	
30	31		

September

M	T	W	T	F	S	S
	1	2	3	4	5	6
7	8	9	10	11	12	13
14	15	16	17	18	19	20
21	22	23	24	25	26	27
28	29	30				

November

M	T	W	T	F	S	S
						1
2	3	4	5	6	7	8
9	10	11	12	13	14	15
16	17	18	19	20	21	22
23	24	25	26	27	28	29
30						

Goals for the Month

November

MONDAY	TUESDAY	WEDNESDAY	THURSDAY
2	3	4	5
9	10	11	12
16	17	18	19
23	24	25	26
30	Notes		

2026

FRIDAY	SATURDAY	SUNDAY	TO DO
		1	
6	7	8	
13	14	15	
20	21	22	
27	28	29	

October

M	T	W	T	F	S	S
			1	2	3	4
5	6	7	8	9	10	11
12	13	14	15	16	17	18
19	20	21	22	23	24	25
26	27	28	29	30	31	

December

M	T	W	T	F	S	S
	1	2	3	4	5	6
7	8	9	10	11	12	13
14	15	16	17	18	19	20
21	22	23	24	25	26	27
28	29	30	31			

Goals for the Month

December

MONDAY	TUESDAY	WEDNESDAY	THURSDAY
	1	2	3
7	8	9	10
14	15	16	17
21	22	23	24
28	29	30	31

Notes

FRIDAY	SATURDAY	SUNDAY	TO DO
4	5	6	
11	12	13	
18	19	20	
25	26	27	

November

M	T	W	T	F	S	S
						1
2	3	4	5	6	7	8
9	10	11	12	13	14	15
16	17	18	19	20	21	22
23	24	25	26	27	28	29
30						

January

M	T	W	T	F	S	S
				1	2	3
4	5	6	7	8	9	10
11	12	13	14	15	16	17
18	19	20	21	22	23	24
25	26	27	28	29	30	31

Goals for the Month

Notes

Notes

Notes

Notes

Notes

Notes

Made in the USA
Las Vegas, NV
30 November 2021

35687636R00090